सपनों के पर्वत पर बर्फ़ जमी है

(काव्य-संग्रह)

-प्रदीप कुमार सिंघल 'दीप'

साहित्य की सेवा में कुछ पुष्प

समर्पित उन सभी को जिनका मुझमें इस कला के विकासार्थ, प्रत्यक्ष अथवा अप्रत्यक्ष रूप से सहयोग मिला ।

कविता कवि की उन मार्मिक अनुभूतियों का शब्द चित्र है जो कवि को कहीं अंदर ही अंदर आंदोलित करती रहती हैं। कविता मूलतः कवि की अपनी भाव संपदा का दूसरा नाम है। इसलिए कविता में वैयक्तिकता का गुण रहता है किंतु कवि भी एक सामाजिक प्राणी है और सामान्यतः अधिक संवेदनशील भी है, इस कारण उसकी अभिव्यक्ति व्यक्तिगत बिंदु से आगे बढ़कर दूसरों के सुखदुख की अनुभूति तक भी पहुँचती है। कवि की अभिव्यक्ति में एक अनोखापन ये भी है कि वह सामाजिक सोच और भावनाओं को ऐसे व्यक्त करता है जैसे वें नितांत उसी के संघर्ष का परिणाम हों।

सामाजिक सोच के साथ कवि का व्यक्तिगत तदात्मय ही उसे इस ओर ले जाता है। उसकी व्यक्तिगत अनुभूतियाँ भी कुछ इस तरह अभिव्यक्ति पाती हैं कि पूरे समाज की अनुभूतियाँ ही प्रतीत होती हैं। कविता साहित्य भी एक लंबी और समृद्ध परंपरा है जो अनंत काल से चली आ रही है और अनंत काल तक बहती रहेगी।

मुझे कवि श्री प्रदीप कुमार सिंघल 'दीप' के प्रस्तावित काव्य संकलन 'सपनों के पर्वत पर बर्फ़ जमी है' पढ़ने का सुअवसर मिला। प्रदीप जी मेरे विभागीय सहयोगी रहे हैं लेकिन उनका यह कविरूप देखकर मुझे सुखद आश्चर्य हुआ।

संकलन का श्री गणेश "एक प्रभात" से हुआ है जो परिदृश्य की ओर इंगित करता है; कविमन की कोमल भावनाएँ दृष्टिगत कार्य-कलाप से प्रभावित हो संवेदनाओं को दर्शक भाव से व्यक्त करता है। कवि प्रदीप जी के आलंबन बिंदु मुख्यतः चार हैं: माँ सरस्वती, प्रकृति, प्रिय, और राष्ट्र। इसके साथ ही उनके मन में आज की सामाजिक, राजनीतिक, आर्थिक, धार्मिक, और साहित्यिक विद्रूपताओं के प्रति सोच भी है।

ऐसी कविताओं की बात करते हैं जो मन को कहीं अंदर तक छूती हैं और ऐसा लगता है जैसे अपनी ही बात कही गई है -

'चुप'

रहे वो भी चुप रहे हम भी चुप

आँखें झुकीं थीं, कौन बात करता

'हम युवा'

मन मुकुर बहुरंग सपने नयन में विश्वास के

राष्ट्र के हम सजग संबल, केंद्र बिंदु विकास के

पूरी कविता एक संकल्प और आत्मविश्वास से ओतप्रोत है कि हम राष्ट्र निर्माण के लिए ग़रीबी, अशिक्षा, अंधकार से लड़ेंगे और राष्ट्र निर्माण में सबल योग, जो अपेक्षित है, करेंगे।

सामाजिक परिवेश में जो अभद्रता और अशिष्टता का प्रचलन हुआ है, उसका कविता 'जय बोलो बेईमान की' सार्थक प्रतिनिधित्व करती है।

शीर्षक कविता 'सपनों के पर्वत पर बर्फ़ जमी है' एक सुखद परिकल्पना है कि समाज में जो अपेक्षित परिवर्तन हैं कब तक होंगे, देश और समाज कब तक उन्नति के शिखर पर होगा -

नैतिकता के तटबंध टूटे, फैला चहुंदिश दूषित जल

करो भगीरथ यत्न देश में लाओ नेह का गंगाजल

जिसमें गोते खाकर धो आएंगे

नफ़रत की मन पर जो मैल जमी है

सपनों की पर्वत पर बर्फ़ जमी है

निष्कर्ष के रूप में देखा जाये तो बड़ा ही सार्थक संकलन है। देशप्रेम के प्रति सद्भाव और कुरीतियों के प्रति विद्रोह अनेक रचनाओं में है। व्यक्तिगत जीवन से जुड़े आमोद-प्रमोद के पल और कल्पनाओं के आकाश में पंख फैलाये भावनाओं के परिंदे भी यत्र-तत्र बिखरे हैं। सारी रचनाओं को विभिन्न काल खंडों में वितरित किया गया है। इससे कविमन की मनोदशा का चित्रण और परिस्थिति-जन्य परिवर्तन भी परिलक्षित होते हैं।

शुभकामनाएँ

किशन स्वरूप

श्री किशन स्वरूप जी इंजीनियर के तौर पर उत्तर प्रदेश राज्य विद्युत परिषद में कार्यरत रहे। इनकी साहित्यिक रुचि के कारण इनका पहला काव्य संग्रह 'संबोधन' 1993 में प्रकाशित हुआ था जिसका विमोचन माननीय गोपाल दास नीरज जी के करकमलों से हुआ था। उसके बाद लगातार उनके कविता, गीत, एवं ग़ज़लों के संग्रह प्रकाशित होते रहे यथा 'बूँद बूँद सागर में', 'ज़मीन की तलाश में', 'घुटन और घुटन', 'आसमान मेरा भी है', 'समेटे हुए पल', 'तन्हा सफ़र', 'दर्द के पैबंद', 'अगला पड़ाव', 'क्या नाम दूँ', 'ग़ज़ाला', 'माँ', 'फिर एक बार', 'अनायास', 'आहट', 'कशमकश', 'दुविधा', 'दरीचे', 'परिंदे', 'किसके आगे हाथ पसारें', 'जो है सो है', 'एहसास', 'कल से कल तक', 'गहरे पानी पैठ', 'रहा किनारे बैठ', 'खो गयीं पगडंडियाँ', 'यादें हैं यादों का क्या', 'आईना जब से ख़फ़ा है', 'कल और कल के दरमियाँ', 'और जो बाकी रहा' आदि ३२ पुस्तकें प्रकाशित हो चुकी हैं। श्री किशन स्वरूप जी, नीरज जी, कुंवर बेचैन जी, डॉ पशुपतिनाथ उपाध्याय जी, महेश दिवाकर जी, माहेश्वर तिवारी आदि के साथ मंच साझा कर चुके हैं।

माननीय किशन स्वरूप जी को वर्ष 2022 में हिन्दी संस्थान द्वारा उत्तर प्रदेश सरकार ने 'साहित्य भूषण' सम्मान से सम्मानित किया था।

दुर्भाग्य से इस संकलन की भूमिका उनके द्वारा लिखने के बाद 31 अगस्त 2024 को उनका स्वर्गवास हो गया। यह संकलन विनम्र श्रद्धांजलि सहित उनकी स्मृति को समर्पित है।

भूमिका

श्री प्रदीप कुमार सिंघल का काव्य संग्रह 'सपनों के पर्वत पर बर्फ़ जमी है' मानवीय भावनाओं का एक उत्कृष्ट उदाहरण है। प्रेम के लिये समर्पण, देश प्रेम की उत्कट भावना, व्यंग्य और आशा-निराशा के बीच झूलते जीवन का सुंदर चित्रण, इनकी कविताओं में झलकता है।

एक अभियंता जो कल-कारख़ानों के शोरगुल में अपना दिन गुज़ारता हो, मशीनों की खटपट के बीच, उसने अपने मानवीय संवेदनाओं का संप्रेषण कविताओं के माध्यम से बख़ूबी किया है। प्रदीप जी की काव्य रचनाएँ वर्ष 1969 से लेकर 1990 के दशक के मध्य तक की हैं। यह एक युवा कवि की लेखनी है, जिसमें प्रेम, वंदना, देश के प्रति समर्पण, और जीवन को समझने की जिजीविषा भी है। आपकी रचनाओं में सरस्वती वंदना से लेकर बीस वर्ष की आयु पूर्ण कर लेने पर की अनुभूति का कविता के रूप में वर्णन है। "लड़खड़ाते कदम से संभलते-संभलते, दलदल में फँसकर कमल खूब ढूँढे" - अवकाश के क्षण में स्मृतियों के सागर में हिलोरे लेना, प्रेम की मनोदशा को बख़ूबी दर्शाता है।

सतीश कुमार

साहित्य-पथ का एक पथिक

लखनऊ

श्री सतीश कुमार जी मूलतः इंजीनियर हैं तथा उत्तर प्रदेश राज्य विद्युत परिषद में कार्यरत रहे हैं। परंतु साहित्यिक अभिरुचि के कारण इनका लेखन के प्रति भी झुकाव रहा। इनकी अब तक पाँच पुस्तकों का प्रकाशन हो चुका है जिनमें 'समुद्र मंथन', उपन्यासमात्मक शैली में लिखी पौराणिक कथा को वैज्ञानिक आधार प्रधान करती एक रोचक पुस्तक है, तथा विलुप्त सरस्वती नदी पर अन्वेषणात्मक तथ्य प्रस्तुत करती 'नदीतमा सरस्वती' पुस्तक है। इनके अलावा हाल ही में एक काव्य संकलन 'प्रकृतिबोध' भी प्रकाशित हुआ है।

अपने बारे में कुछ कहना एक दुरूह कार्य है। बचपन से ही मेरी रुचि साहित्य, संगीत, एवं रंगमंच में रही थी। घर में ही कुछ साहित्यिक कृतियों को पढ़ने का अवसर मिला था। माननीय बच्चन जी, महादेवी वर्मा जी, आदि के काव्य संसार का कुछ अंश पढ़ने को मिला। धर्मयुग, साप्ताहिक हिंदुस्तान, सरिता, कादम्बिनी, आदि पत्रिकाओं में कहानियाँ, कवितायें, लेख, आदि पढ़ने में विशेष रुचि रही थी।

संभवत: मैंने अपनी पहली कविता की तुकबंदी छब्बीस जनवरी पर लगभग 12-13 वर्ष की उम्र में की थी। 14-15 साल की उम्र में विद्यालय की पत्रिका हेतु लेख एवं कहानी लिखीं थीं जिन पर सराहना और प्रोत्साहन मुझे अपने विद्यालय के हिन्दी प्रवक्ता माननीय कृष्ण चंद 'मधु' जी से मिला। उसके बाद तो 'मधु' जी भी अपनी नयी नयी रचनायें - कहानी एवं कविता - मुझे पढ़ने और प्रतिक्रिया हेतु देने लगे। उनकी इस विशिष्ट कृपा से मुझमें भी लिखने का उत्साह 16-17 वर्ष की उम्र से ही हो गया था और तभी मैंने अपनी एक डायरी में अपनी कविताओं को संकलित करना आरंभ कर दिया था।

इंजीनियरिंग के छात्र के रूप में पंतनगर विश्वविद्यालय में भी मेरी साहित्यिक रुचि, रंगमंचीय अभिनय, एवं गायन आदि में रुचि यदा कदा विश्वविद्यालय के मंच पर प्रस्फुटित होती रही। पंतनगर विश्वविद्यालय के पुस्तकालय में मेरा समय अधिकतर साहित्यिक कृतियों को पढ़ने में या उनको इश्यू कराकर हॉस्टल में पढ़ने में गुज़रता रहा। उस पुस्तकालय ने मुझे बहुत उच्च कोटि का साहित्य पढ़ने का अवसर दिया। कई मूर्धन्य लेखकों यथा प्रेमचंद जी, डॉ धर्मवीर भारती जी, यशपाल जी, भगवती चरण वर्मा जी, बंगाली लेखक विमल मित्र जी, फणीश्वर नाथ रेणु जी, आदि की रचनाओं ने मेरी साहित्यिक समझ को समृद्ध किया। इसी के परिणाम स्वरूप यदा कदा अपने मन

के भावों को शब्दों में पिरो कर, काग़ज़ पर उतारता रहा। यहाँ पर यह कहना भी आवश्यक है की मेरे विद्यालय के हिन्दी प्रवक्ता आदरणीय कृष्ण चंद 'मधु' का स्नेह, प्रोत्साहन व सराहना मुझे सदैव मिलती रही। क्योंकि जब भी मैं विश्वविद्यालय से छुट्टियों में घर जाता उनसे भेंट अवश्य होती थी और वो मुझसे यही पूछते की कुछ नया लिखा क्या, लिखा तो सुनाओ। उनका यही व्यवहार मुझे लिखने के लिए प्रोत्साहित करता रहा।

विद्युत परिषद में अपने सेवाकाल में भी मेरा लेखन, रंगमंच, एवं गायन निरंतर चलता रहा। कई तैनाती स्थलों पर (जैसे डाकपत्थर, उत्तरकाशी, एवं रिहंद डैम) काव्य गोष्ठियों में मैं भाग लेता रहा, मेरा अन्य कवियों और उनके काव्य से परिचय होता रहा, व मुझे मेरी रचनाओं पर सभी का स्नेह एवं प्रोत्साहन भी मिलता रहा।

इन काव्य गोष्ठियों के अतिरिक्त मेरा काव्य संसार केवल स्वयं के लिए स्वान्तः सुखाय ही रहा। कई मित्रों ने समय-समय पर अपनी रचनाओं का संकलन प्रकाशित करने का सुझाव दिया परंतु मुझे कभी भी इस तरह की चाहत नहीं रही। मेरे पुत्र मुदित को मेरी इस अभिरुचि की जानकारी थी तो एक बार वो जब हमारे पास आया हुआ था, उसने ज़िद करके मेरी डायरी काग़ज़ आदि निकलवाए और रात में लगभग 3-4 घंटे बैठ कर अपने फ़ोन में मेरी सारी रचनाओं को स्कैन करके कैद कर लिया। फिर धीरे धीरे जब भी उसे समय मिला, उन रचनाओं को अपने लैपटॉप में टाइप कर संकलित करता रहा, और लगभग 2 वर्ष पूर्व उसने अचानक एक पांडुलिपि के रूप में मेरे जन्मदिन पर प्रस्तुत कर मुझे चौंका दिया। इन सभी रचनाओं को क्रम देकर संकलित करने का सारा परिश्रम उसी का है, उसमें मेरा कोई योगदान नहीं।

मेरे इस काव्य संसार से यदि कुछ साहित्य प्रेमी प्रभावित हो सकें तो मैं उनका आभारी रहूँगा। यहाँ यह भी कहना चाहूँगा की इस

संकलन पर मेरे विभागीय सहयोगी श्री सतीश कुमार जी एवं श्री किशन स्वरूप जी से प्रतिक्रियाओं की बाँछना मैंने की थी। ये दोनों महानुभाव साहित्य क्षेत्र में मेरे अग्रज हैं एवं उनकी अनेकों पुस्तकें प्रकाशित हो चुकी हैं। मेरे इस संकलन पर उनकी प्रतिक्रियाएँ मेरे लिये अमूल्य धरोहर हैं और इस संकलन की शोभा हैं।

साहित्य प्रेमियों हेतु यह संकलन मेरी ओर से एक छोटा सा प्रयास है। अपना स्नेह, और यदि संभव हो, तो अपनी सार्थक प्रतिक्रिया से मुझे अवगत कराने का प्रयास करें, ताकि मेरे अंदर एक नयी ऊर्जा का संचार हो सके।

सादर

प्रदीप कुमार सिंघल 'दीप'

क्रम

30-3-1975

एक प्रभात

प्रातः की शीतल मंद सुगंध मलय समीर

वर्षों का परिचय फिर भी मन अधीर

अधरों तक आ-आकर लौट-लौट जाते शब्द

लज्जालु पलकों के भार से दबे दबे तुम

चूल्हे में झोंकी हुई लकड़ियों की चिंगारी को

प्रज्वलित करने की प्रक्रिया में

परेशान चेहरे पर

बिखर-बिखर जाती शैतान सी लट

तूफ़ानों के बीच भी शांत निर्वाक

सौम्य सा हाय वो तुम्हारा मुख

यत्न से कहे गए दो-चार कांपते शब्द

पैठ गए कहीं हृदय में दूर तक

मेरी कल्पना से भी अधिक

सहनशील, उदार, प्रेमिल सी तुम

अनुभूतियों से उभरी तुम्हारी यह प्रतिमा,

यथार्थ की नींव पर टिकी है

चूल्हे की लकड़ियाँ जल उठीं

चाय का खौलता पानी

हृदय के दर्द सा बाहर निकालने को उद्यत

तुमने संयम की सँड़सी से

आग से उतार दिया

भावनाओं की पत्ती, विश्वास के दूध,

व्यवहार की चीनी से बनी

अनुराग के रंग सी चाय को

तुम्हारे स्नेहोपहार सा

पी लिया मैंने

आँखों की भाषा को

जीवन की आशा में

जी लिया मैंने

चल दिया हूँ आज मैं

तुमको अकेला छोड़ कर

बिछुड़ने को नहीं

तुमसे ही मिलने को हर अगले मोड़ पर ।

जाने कैसी बरसात हुई

भीगा है तन का रोम रोम,

मन का स्पंदन भीगा है।

जाने कैसी बरसात हुई,

अंतर का कण कण भीगा है॥

आशा भीगी, भीगे सपने,

और भीग गए हैं सब अपने।

भीगे हैं तन्तु वीणा के,

वाणी का गायन भीगा है॥

भीगा अतीत भीगी सुधियाँ,

दिन भीगे हैं भीगी रतियाँ।

जाने क्यूँ लगता है तेरे,

नयनों का अंजन भीगा है॥

मानव भीगा, भीगी ममता,

भगवान भीगा, भीगी है दया।

है आदर भी भीगा भीगा,

सब वंदन अर्चन भीगा है॥

पनघट भीगा, भीगी गगरी,

चोली भीगी, भीगी घघरी।

भीगी है माथे की बिंदिया,

गोरी का यौवन भीगा है॥

भीगे तन पर मन का लर्जन,

बढ़ती धड़कन, ठिठुरन, सिहरन।

पलकों के उठने गिरने में,

ये प्यासा जीवन भीगा है॥

भीगा भीगा मिलना जुलना,

है भीग गया हंस कर खिलना।

पाती भीगी, बाती भीगी,

नित-नित अभिवादन भीगा है॥

नाटक भीगा, भीगा नायक,

कविता भीगी, भीगा गायक।

जब से भीगा है नेह तेरा,

ये सारा जीवन भीगा है॥

05-08-1976

सावन का एकांत

रिमझिम रिमझिम रिमझिम सावन

पावन वायु

सन - सन सन - सन

भीगा, सिहरा, ठिठुरा

तन - मन

पवित्र श्वेत

रुई से कोमल

नील गगन में

स्मृति से बादल

मौसम का उद्दीपन

मन की तड़पन

तन की सुलगन

दूर तक फैला

एकांत का पानी

फिर वही उदासी

जानी पहचानी

धड़कन, कंपन

कल्पन, सिहरन

लेती नाम तुम्हारा

मन - मन

चुप

रहे वो भी चुप, रहे हम भी चुप

आँखें झुकीं थी, कौन बात करता

आँखें उठीं भी तो आँखें उठी थीं,

हिले होंठ पर थे मर्यादा के बंधन

न मैं तोड़ पाया, न वो तोड़ पाए

गया प्यार का फ़ासला यूं ही बढ़ता

रहे वो भी चुप...

होली गीत

सलज संकुच सजग संभल आली तुम आली

नयन नेह पुलक देह कर गहे गुलाली

कर उठे तो पिऊ को रंग रंजित कर उठे

कर उठे तो क़ैद छोड़ मस्त पयोधर उठे

दीठि छुअन पिऊ की मन मदन लहर उठे

रूमानी सोचों से दृग मुँदे अधर उठे

पिऊ अंग लग रंगी बिन रंगे निराली

नयन नेह पुलक देह...

लाज से आरक्त आनन अंजुरियों में भर लिया

रूप रंग रस सिंधु से जब नयन गागर भर लिया

रावरे मुख मल गुलाल यूं लिया आगोश में

उर पुलक तन कसमसाया नयन झूठे रोष में

नेह भीगी छुट भगी पिया से मतवाली

नयन नेह पुलक देह...

जाते जाते ठिठक चितवत, नयन में बतियाए है

लरजि अंगुरि लपेट आँचल दांतों में दबाए है

गेह के कर बंद कपाट निरखि के मुख आरसी

मुस्काय, मुंह चिढ़ाये, कभी बहाए अंसुवन धार सी

पी मिलन की होरी से मन मनाए दिवाली

नयन नेह पुलक देह कर गहे गुलाली

हम युवा

मन मुकुर बहुरंग सपने नयन में विश्वास के

राष्ट्र के हम सजग सम्बल, केंद्र बिन्दु विकास के ।

हम युवा उर नेह सागर

प्रीति से जग जीत लेंगे

प्राण पण से अवनी पर

एक घर रुपहला चीत लेंगे

स्वाभिमानी बन रहेंगे नीचे इक आकाश के

राष्ट्र के हम सजग सम्बल...

हम युवा तन शक्ति आगर

कल सुनहरा खींच लेंगे

श्रम कणों से मानवी का

क्लांत उपवन सींच देंगे

हम धरा पर लाएंगे, क्षण अमिट उल्लास के

राष्ट्र के हम सजग सम्बल...

हम युवा अति तीव्र मेधा

प्रगति पथ अविचल बढ़ेंगे

ज्ञान की विज्ञान की हम

नित नयी उपलब्धि देंगे

जिनसे पुलकित हों सभी हम गीत वो मधुमास के

राष्ट्र के हम सजग सम्बल...

हम अशिक्षा और गरीबी के

अंधकारों से लड़ेंगे

विश्व शांति लक्ष्य की

हम राह आलोकित करेंगे

सार्थक प्रतिरूप हम हैं प्रदीप के, प्रयास के

राष्ट्र के हम सजग सम्बल, केंद्र बिन्दु विकास के ।

ऐ मेरे मित्र आ

आँखें फिर अपनी, पुर नाम लिए, दिल में ताज़ा अगन लिए

फूल के पास से निकले हम दोस्तों, एक तीखी चुभन लिए

दूर प्रकाश है, धुंधला आकाश है

राह दिखती नहीं, सिर्फ आभास है

कुछ क्षणों के लिए पास बैठो तो तुम

खुल के रो लें ज़रा, मनों मन उदास है

ऐ मेरे मित्र आ, कहें मन की व्यथा, सबकी साझा तपन लिए

क्यूँ कदाचार है, कहाँ सदाचार है

रोज़ आतंक के, बस समाचार हैं

आत्मिक बल भरी साहसिकता कहाँ

आओ ढूंढें ज़रा, दीप तैयार है ।

क्यूँ विकल क्लांत रोती है मानवी, अपने लोहित वसन लिए

दर्पण की सच्चाईयों से घबरा कर मुँह नहीं मोड़ेंगे,

सवारेंगे अपने ही चेहरे, दर्पण नहीं तोड़ेंगे

आप का साथ मिले, प्यार मिले, अपनत्व का उपहार मिले

गहराई जो वातावरण में, जड़ता, उदासी, उसे तोड़ेंगे

लक्ष्य स्पष्ट है, भटकें नहीं, बस कारवाँ बना लें, चलेंगे

चल पड़े तो तय है कि मंज़िल से पहले, राह नहीं छोड़ेंगे

जय बोलो बेईमान की

देश में आवागमन के, संचार के साधन बढ़ गए

बेरोज़गारी की विक्षुब्धता

बिना कुछ किए कुछ पाए जाने की लालसा

राजनीतिक क्षुद्रता

तथा गरीबी की घुटन से निसृत

असंतोष, हड़तालों व प्रदर्शन

की शहरी सभ्यता अब

गावों और कस्बों तक भी घिसट आई

रेडियो ने "शोर" का शोर मचाया

और संगीत की मधुर या कर्णभेदी, जो भी आप समझें

गीतों के सरस या उज्जड़

ध्वनि में गाने या चिल्लाने लगा

"बोलो बेईमान की जय"

और फिर मुहल्ले के ग़रीब फटेहाल

छोटे छोटे बच्चे (मुश्किल से पाँच साल के)

गली के इस छोर से उस छोर तक

नारे लगाने लगे

जय बोलो - बेईमान की

मेरी पार्टी - ज़िन्दाबाद

पहले दो - तीन

और अब छः ।

उधर कुछ अर्धराजनैतिक लोगों ने कहा

देश में राजनैतिक चेतना आ गई

क्योंकि बच्चे भी

गलियों में नारे लगाते हैं ।

नैतिकता भाग कर शिखरों पर चढ़ गई

ढलते हुए सूरज की तरह

होटलों में, नाइट क्लबों में, स्ट्रीप्टीज़ के दीवानों की भीड़ है

फिर भी आज नैतिकता के नाम पर

देश भर में रामलीलाएँ होती हैं ।

यह बात और है कि आज का

अभिनय हो गया इतना उत्कृष्ट

की धनुष यज्ञ में क्रोधित

लक्ष्मण की आँखें लाल हैं

क्रोध से या शराब के नशे से,

पता ही नहीं चलता

और सीता का विरह भुलाने को

राम को भी परदे के पीछे शराब चाहिए ।

उधर कुछ भक्तों ने

"भगवान राम की जय" की आवाज़ उठाई

तो लगा भीड़ में किसी का ट्रांसिस्टर

ऑन हो गया और बोला

"बोलो बेईमान की जय" ।

तुम्हारी याद

सूनेपन में भी सुनी मैंने तुम्हारी हलचल

कभी चूड़ी की खनक और कभी पग पायल

श्रम विकल शाम को घरौंदे में

खोजते नयन तेरे नयनों को

मेरी थकान की जो पीलें पल में

कान तरसें उन मीठे बैनों को

मेरे ललाट के जो स्वेद कणों को पोंछे

याद आता है सरे शाम तुम्हारा आँचल

हर सुबह चाय की प्याली ले

गुदगुदा के वो जगाना तेरा

मेरी मीठी शरारतों पर वो

रूठ जाना और लजाना तेरा

चूमते रोज़ थे मेरी उनींदी पलकें

भोर की पहली किरण में तेरे होंठों के कमल

18-05-1994

नेह का चंदन

सुवासित कर गया ऐसा तुम्हारे नेह का चंदन

कि अब एकांत में भी छू नहीं पाता अकेलापन

घटाएँ, बिजलियाँ, बरसात, जुगनू, और उजियारे

पहाड़ी चाँदनी, नदिया तुम्हारे रूप हैं सारे

नहीं तुम पास फिर भी ढूंढ ही लेता तुम्हें दर्पण

सुवासित कर गया ...

मेरे अधरों पे रहता है तुम्हारी याद का चुंबन

मेरी आँखों में बसता है तुम्हारे रूप का अंजन

मेरे आग़ोश में अब भी तुम्हारा मद भरा यौवन

सुवासित कर गया ...

सतत बौछार रहती है तुम्हारी महकी साँसों की

कभी मैं देखता रहता तुम्हारे चित्र की झांकी

तुम्हारी याद के सम्मोहिनी जादू में डूबा मन

सुवासित कर गया ...

स्वयं आकर भी तोड़ोगी अगर तुम ये मधुर चिंतन

कसम तेरी है छूने भी नहीं दूंगा तुम्हें ये क्षण

तभी आना के जब हो टूटने को ये नशीलापन

सुवासित कर गया ...

चलो कुछ देर को तो ठीक है ये स्वप्न मनभावन

मगर अब टूटने को है ख़यालों का तिलिस्मी फ़न

कि अब साक्षात आकर पूर दो तुम ये अधूरापन

सुवासित कर गया ऐसा तुम्हारे नेह का चंदन

सरस्वती वंदना

दे दो माँ वरदान शारदे, दे दो माँ वरदान

निज प्रतिभा से हम भी कर लें कुछ तेरा सम्मान

स्नेह सुरभि बिखराएँ हम

देश का गौरव चमकाएँ हम

कला के हर एक माध्यम से

माँ! तेरे ही गुण गाएँ हम

अर्पित करते भाव पुष्प माँ, हम अबोध अज्ञान ।

जन जन के मन की ज्वाला को

शांत न करे स्वार्थ का पानी

विसमताओं को दे दें वाणी

ऐसी भावना दे कल्याणी

निस्पंद पड़ी वीणा की लय को, दो फिर मीठी तान ।

वादा

नेह पाती में हर एक सांस तुम्हें भेजूँगा

कुछ सुलगते हुए एहसास तुम्हें भेजूँगा

अपने होंठों से मेरी प्यास सजल कर देना

तपते अधरों का, आभास तुम्हें भेजूँगा

अपनी आवारा सी अलकों में बसा लेना तुम

प्रीति के फूलों की सुवास तुम्हें भेजूँगा

अपने नयनों की मधुशाला सजाए रखना

अपने होंठों की नई प्यास तुम्हें भेजूँगा

विरहा की अगन यौवन तेरा झुलसा न दे कहीं

अपने गीतों का मधुमास तुम्हें भेजूँगा

26-01-1984

ललक व संकल्प

पामीर के पठार पर जा बैठे ये ललक

भाग दौड़ छीन झपट नैतिकता गई छलक ।

अव्यक्त से उदास हम

चिंघाड़ती हैं खोखलें

विश्वास हुआ शंकालु

गर्व दर्प पोपलें

रख रहन संस्कृति देख रहे हम झमक ।

वहाँ भी लगी है आग

पाँच आब थे जहां

धर्म में अधर्म है

अनीति सी हैं नीतियाँ

स्वार्थ अहम पाल रहे क्यूँ प्रेम प्यार से भटक ।

अलाव ही न तापिए

यज्ञ में निर्माण के

कर्म की दें आहुति

सुरभित गगन करें

मंत्र निष्ठा नेह के उच्चार कर लें संकल्प ।

अनुरोध

स्वार्थ की अहम की दुनिया को प्रभु

प्यार की फिर रवानियाँ दे दे

घृणा में डूबी हुई देश की जवानी को

मीठी मीठी कहानियाँ दे दे ।

नयन में स्वपन हो सु - आगत के

कर करें राष्ट्र की मधुर रचना

कोई न भेद रहे देश में कहीं पर भी

ऐसी दिलकश निशानियाँ दे दे

फूल हर रंग के खिलें हर सू

महके विश्वास की नई खुशबू

सुन जिन्हे नेह तले एकता फूले फले

सबको मधुरिम सी वाणियाँ दे दे ।

विदाई गीत

ये चमन आपके नेह को कर नमन

कह रहा है विदा आज भर कर नयन ।

आप आए थे लाए थे संग बहार

हर कली थी खिली आपका पा के प्यार

ये बिछोह के घड़ी और ये उदास मन

कह रहा है विदा आज भर कर नयन ।

स्वागतम आपका करते हैं प्राण स्वर

आपके साथ के आज के क्षण मधुर

सँजो कर याद में, मन का स्पंदन

कह रहा है विदा आज भर कर नयन ।

आप जाऐं जहां हो फ़ज़ां ख़ुशनुमा

आपके पाँव चूमे झुक के आसमाँ

ये लिए कामना आज हर प्राण तन

कह रहा है विदा आज भर कर नयन ।

आपकी राह का हम करें अनुगमन

आपकी महक से महके हम सबके मन

ये दुआ मांग कर आज सारा सदन

कह रहा है विदा आज भर कर नयन ।

याद रखें हमें, दें सदा नेह जल

हमको सुरभित करें आपके कर कमल

ये 'प्रदीप' लिए अपना अर्चन नमन

कह रहा है विदा आज भर कर नयन ।

जनवरी 1986

सपनों के पर्वत पर बर्फ़ जमी है

जीवन ठहरा ठहरा लगे कहीं है

सपनों के पर्वत पर बर्फ़ जमी है ।

कब सदियों के अंधकार के पार उजाले झांकेंगे

कब होंगे सपने सिंदूरी सूनेपन को ढापेंगे

कब विश्वास भरे हम कह पाएंगे

स्वर्ग भूमि है ये ही स्वर्ग यहीं है

सपनों के पर्वत पर बर्फ़ जमी है ।

अबके पिघले बर्फ़ तो आशाओं के फूल खिलें संभव

पिछवाड़े की सोन चिरैया नयन लड़ाए मिले संभव

छाँट कुहासा भोर किरण आएगी

नई सुबह का सूरज दूर नहीं है

सपनों के पर्वत पर बर्फ़ जमी है ।

नैतिकता के तटबंध टूटे, फैला चहुंदिश दूषित जल

करो भगीरथ यत्न देश में लाओ नेह का गंगाजल

जिसमें गोते खाकर धो आएंगे

नफ़रत की मन पर जो मैल जमी है

सपनों के पर्वत पर बर्फ़ जमी है ।

ये क्या हो गया

मेरे देश की माटी को ये क्या हो गया

फूली फैली विष बेलें ये कौन बो गया

मानव मन के मनोभावों की ऋतुएँ भी ऐसी बदलीं

आदर्शों के ढह जाने से हुई भाव गंगा गदली

भाव भूमि में भारत की, जो घृणा बो गया

मेरे देश की माटी को...

मेरे देश की माटी तो है भैया चंदन और अबीर

धर्मों के उन्माद में फिर क्यूँ जलता आज कबीर

दिल में खिंचीं दीवारें, प्यार कहाँ खो गया

मेरे देश की माटी को...

उठो जागो ऐ भारतवासी अपने को पहचानो तो

सभी बुराई भारत छोड़ें, मन में ऐसा ठानो तो

पुनः जगाओ स्वाभिमान का मंत्र सो गया

मेरे देश की माटी को ये क्या हो गया

मैं निराश नहीं

तुमने अमृत में भी विष को खोजा है

मैं विष को भी सुधा बना कर पी लेता हूँ

तुम कहते पथ में बाधा है

मैं बाधाओं को कंठ लगाकर जी लेता हूँ

अवगुंठन में है देवी

निस्पंद पड़ी वीणा की लय

टूटे तारों को जोड़ तोड़,

स्वर मिला रहा हूँ मैं निर्भय ।

पतझर - सावन, ग्रीष्म शीत, सुख - दुख की चंचल छाया में

मैं जीवन के साज़ों पर गीतों को गाकर जी लेता हूँ ।।

मैं निहारता निर्निमेष

लहरों सी चंचल इच्छाएँ ।

कैसे मेटेंगे तूफ़ां भी

मेरी ये उन्नत आशाएँ ।

(क्योंकि) तूफ़ानों से, पाषाणों से, जीवन की हर एक झंझा से

मैं मधुर-मधुर स्निग्धता का सहयोग बनाकर जी लेता हूँ ।।

1970

गीत जगे दीप जले

मंजुल-मंजुल मीत मिले, गीत जगे और दीप जले

सागर ने मंथन कर ज्यों पाया हो एक चाँद नया
मेरे हृदय ने भी पाया है तुम जैसा एक मीत प्रिया
परवानों को दीप शिखा ज़्यूं, गीतों को जैसे सरगम
हृदय तरंगों को भी आज पुलिनों के आग़ोश मिले
मंजुल-मंजुल मीत मिले, गीत जगे और दीप जले

हृदय सदन के अंधकार में लहराई फिर दीपशिखा
तूलिका ने हो पुलकित फिर से मिलन का गीत लिखा
नयन सजाए सुंदर सपने, अधर लिए अनुराग भंगिमा
प्रिय के नयनों, व अधरों संग, प्रीत भवन की ओर चले
मंजुल-मंजुल...

आया है नव बसंत आज, कली-कली पर है यौवन

कोमल बेल तरु से लिपटी, पाने को एक नवजीवन

चूम रहा आकाश धरा को, बह निकली है मस्त पवन

युग-युग की प्यास बुझाने को तृषित अधर फिर आज मिले

मंजुल-मंजुल...

बहक गए गर अधर आज तो, मेरा है क्या दोष प्रिया

साथ नशीला रूप तुम्हारा, कैसे हो फिर होश प्रिया

फैली चाँदनी देखो कैसे, कल - कल बहता है सरिता जल

मेरे आलिंगन में आज, प्रकृति के सब रूप खिले

मंजुल-मंजुल मीत मिले, गीत जगे और दीप जले

ओ सुहागिन

सुहागिन।   ओ सुहागिन।

स्नेह न कर 'दीप' की जलती बाती से

जलकर राख हो जाएगी

जा, लाज के आँचल में छुप जा

प्रीत की स्मृतियाँ भुला दे

अपनी मांग के सिंदूर में खो जा

और हाँ, तूने प्यार ही कब किया था

वो तो नींद की मदहोशी में एक सपना था

सपने भी कभी सच होते हैं?

तेरे साजन की बाहों में तेरा स्वर्ग है

तेरी बगिया भी है पावन

तेरा माली भी है साजन

खिला के फूल उपवन में

दिल के वीराने को आबाद कर ले

हाँ हाँ नहीं चाहता मैं

मेरी याद में तू ज़िंदगी बर्बाद कर ले

बहुमूल्य जीवन है, और उसपे भी यौवन है

जब साथ साजन हो

मदमस्त सावन हो

नहीं कुछ याद तुम करना

नहीं साजन से तुम डरना

नहीं सावन से तुम डरना

लजाना और मुस्काना

समस्त माधुर्य से तन के

खिल आग़ोश साजन के

कली सी तुम सिमट जाना

समर्पण करके साजन को

भटकने नहीं देना

कहीं और इस मन को

मेरी भी याद से कभी

कलुषित मन को मत करना ।

08-07-1972

काश...

52

काश फूटते शब्द तुम्हारे आँचल में

एक बार कहकर तो अरमान निकल जाता

तेरे मन की सुंदर क्यारी में

प्रेम पुष्प रोपण तो कर देते

सुरभित रँगीले पुष्प की आशा में सिंचित तो करते

फिर चाहे वो खिलकर भी बेजान निकल जाता

एक बार कहकर तो...

तेरे काजल की रेखा में

हम भी ढूंढा करते बादल

सुरभित पवन की करते शंका

देख तेरा लहराता आँचल

सरगम का आभास कराते

तेरे पैरों के पायल

एक बार तो तेरे दिल में बस ही जाते

फिर चाहे मैं तेरे पथ से अनजान निकल जाता

एक बार कहकर तो...

तेरी पलकों की छाया में

कुछ तो शीतलता मिलती

तुमसे मिलने की आशा में

दिन ढलते, रातें ढलतीं

प्यार की ये अनजानी सी

भावुकता इस दिल में भी पलती

काश तुम्हारे आँचल की खुशबू भी मिल जाती

ठहर गया जो दिल में आकर वो तूफ़ान निकल जाता

एक बार कहकर तो अरमान निकल जाता ।

02-10-1972

भ्रम

54

क्षितिज के भ्रम सी

अनुमान से निकट

मगर पहुँच से दूर

तुम, नीलम्बरा सी

जिसे मैने मर्यादा की भूमि पर ही पाना चाहा

और उलझ गया क्षितिज के भ्रम में

आकांक्षा

हे अमृत

किसे नहीं होती

तेरी चाह

मैं बढ़कर

नहीं छीन सका

मर्यादा की

उहापोह में

प्रतीक्षा में

तेरे संदेश की

संदेश मिला

पर कब?

अब

जबकि

तुम किसी

अन्य के

हाथ में हो

काश कुछ क्षण पहले

बोलते

तो आज हम यूं

वीरान से

लुटे से

तेरी डगर से

न डोलते ।

अब तो, हे अमृत

जिसके हो

उसके रहना

मेरा तो

कठिन है

तुम को

कर देना

विस्मृत ।

बस

एक आकांक्षा है

जब भी

सामने पड़ो

मुस्कुरा देना ।

जीवन की व्याख्या

अधरों में घुटता हास नयन में रोदन

जीवन की व्याख्या पूछ रहा जीवन

परिवर्तनीय दुनियादारी से

पल-पल बढ़ती बेकारी से

लड़कर, टकरा कर, झुँझलाकर

तोड़ रहा युवा आकांक्षित मन

युग युग का परिसीमन

जीवन की व्याख्या पूछ रहा जीवन

अभिव्यक्ति अभिशाप बन गई

अन्तःस्तल में छुपी भावनाओं की उच्छृंखलता

स्नेहामिय से सिक्त मेरे हृदय की विह्वलता

छोड़ गई लाकर मुझको ऐसे दोराहे पर

कि परिचय में उपहास बन गई

अभिव्यक्ति अभिशाप बन गई

आया जो मधुमास, हास भी कहाँ खो गया

अवगुंठन के हटते ही ये क्या हो गया

मधुर हास की रेखा मुझ तक आते आते

आँसू की बरसात बन गई

अभिव्यक्ति अभिशाप बन गई

तेरे नयनों के पनघट पर

तेरी पलकों की आहट पर

मैं था मौन, हृदय नटखट पर

टूट गया जब घट जो भर भी न पाया था

युगों युगों की प्यास ठन गई

अभिव्यक्ति अभिशाप बन गई

ऐसा फिसला आकर मैं रूप स्नेह की फिसलन में

ऐसा उलझा कुछ अपने ही आदर्शों की उलझन में

(कि) कुछ शंकालु कुछ ईर्ष्यालु मुखड़ों की नाराज़ी से

अपराधिन हर सांस बन गई

अभिव्यक्ति अभिशाप बन गई

05-04-1972

स्मृति

विस्मृति आकांक्षित मैं, जब हुआ स्मृति-पंकिल

रह-रह कर रोमांचित करता, वह अतीत स्नेहिल

लज्जा मिश्रित स्मित तुम्हारी

वो झुकी-झुकी पलकें

तर्क जाल से फैलीं

वो श्यामल अलकें

मूर्त को अमूर्त देख, नैन भरे नीर नेहिल

रह-रह कर रोमांचित करता...

सौम्यता की प्रतिमूर्ति

दीप हो इस नेह का

तृप्ति करती ज्यूँ धरा पर

आगमन हो मेह का

मधु बरसाती वो वाणी, गाती वन में ज़्यूं कोकिल

रह-रह कर रोमांचित करता...

नहीं मानता हृदय इसे

हुआ कभी तुमसे बिछुड़न

नित्य सुनाई देते हैं,

कंगन खन-खन पायल छन-छन

वे नेहिल क्षण जीवन के, होते नहीं आज ओझिल

रह-रह कर रोमांचित करता...

एक पल बातें न करना

रूठ कर या रोष में

पुनः सिमटना अंक में

ज्यों उर्मि पुलिनागोश में

सपनों में तुम आई जब भी, निद्रित नयन हुए बोझिल

रह-रह कर रोमांचित करता, वह अतीत स्नेहिल

अच्छा हूँ न मैं पागल?

मेरे अपने ।

मैं अभागी तुम्हारे अंतर में

अपनत्व की थाह भी न ले पाई

आखिर मैं हूँ तो वही पागल लड़की

जिसकी काली भौंराली अलकों को

मुख पर बिखर कर, दोनों हाथों में

जिसका चेहरा थाम कर, जब तुम

एकटक देखने लगे थे

तो इस आत्मसुख व आत्मसंतोष को

नयन मूँद कर अनुभव करते हुए भी

जिसने लज्जा से, झुँझलाकर अपनी बिखरी

हुई अलकों को फिर से व्यवस्थित कर लिया था

मेरे स्नेह।

मैं क्या जानती थी

की जिस आग में मैं जल रही हूँ

उसी में तुम भी थे

यह मेरा दुर्भाग्य था की मैं अपना सौभाग्य भी

न देख पाई, मैं तुम्हें पढ़ भी न सकी

आखिर मैं हूँ तो वही ज़िद्दी लड़की

जिसकी ज़िद पर तुम अक्सर झुँझला उठते थे

हुँह... बड़े आए, झुँझलाते हो तो झुँझलाओ

मैं तो ज़िद करूंगी ही

आखिर मैं क्यूँ छोड़ दूँ वो आनंदानुभूति

जो मुझे होती है

जब तुम झुँझलाकर मुझे 'पागल' कहते हो ।

कितना प्यारा है

'ल' के लालित्य में पगा 'पागल'

अच्छा हूँ न मैं पागल?

उस दिन जब तुमने कहा कि

शायद हम दोनों पागल हैं

तो मैं रात भर अपनी परछाई से

पूछती रही क्यूँ री पागल...

तूने उन्हें भी पागल बना दिया

और फिर इसी पागलपन में

तकिये के नीचे से तुम्हारी फोटो निकाल

मुंह बना बनाकर चिढ़ा चिढ़ाकर

देर तक तुम्हें पागल-पागल-पागल

कहती रही

अच्छा हूँ न मैं पागल?

अंधेरा

ज़िंदगी के यथार्थ को झेलते हुए

सपनों के सब महल भूशायी हो गए

कोमल अनछुई भावनाओं के निर्झर

उत्पीड़न के घने जंगल में खो गए

रूमानी शब्दों के अर्थ बदलने लगे

प्रीत के आँगन में शूल खिलने लगे

समय की आंधी में मन के गांधी की

कितनी कसमें टूटीं, कितने आदर्श सो गए

छल ने बल से छीनी निश्छलता चेहरे की

उजालों ने स्वीकारी दासता अंधेरे की

आस्था के दिए एक-एक कर के बुझ गए

विश्वास के सभी पुल नफ़रत में बह गए

व्योम से उतरी

व्योम से उतरी धरा पर तुम

परी सी आ गई

मेरे पिपासित तन मन पर

मेघ सा बरसा गई

जीवन डगर पर संग हम

सपने सँजोये चल दिए

हर्ष के अवसाद के क्षण

साथ ही हमने जिए

तक़रार पर फिर प्यार की बरखा

हमें नहला गई

व्योम से उतरी धरा पर तुम...

नेह उपवन में खिले फूल दो

सुरभित सुंदर मन भावन

पल्लवित विकसित हुए

तो उनसे चहक महका घर आँगन

केली क्रीड़ाएँ उनकी तन मन को

अपने हुलसा गई

व्योम से उतरी धरा पर तुम

परी सी आ गई

दीपावली (1969)

स्नेहमयी दो विलग आकृति

फिर भी खुशी मनाएँ क्यूँ ना

हृदय हों जब समीपस्थ तो

मंगल दीप जलाएँ क्यूँ ना

जीवन की दीवाली में तुम

याद हमें भी कर लेना

इस 'दीप' को स्नेह घृत से

ज्योतिर्मय करते रहना ।

नव-वर्ष (1971)

सुमंगलमय हो ये नव-वर्ष

रहे चहुं ओर सर्वदा हर्ष

मिटे सब रोग और संताप

सफलता साथ चले दिन रात

समय यदि पल भर हो खाली

मना कर मन में दीवाली

सजा कर साज़ और संगीत

('दीप' से कर लेना तुम प्रीत)

बसाकर मन में प्रेमिल गीत

मन से हटा घृणा अवसाद

प्रदीप को कर लेना तुम याद

09-11-1972

मेरा स्नेह

मेरा स्नेह

नहीं है अभिनय

एक ज्वलंत सत्य है

सामाजिक बंधन नहीं

रक्त का संबंध नहीं

वरन

एक सुदृढ़ बंधन है

अमिट संबंध है

आत्मा का

हृदय का

जो ऊंचा है

वैवाहिक बंधन से

रक्त के संबंध से

यह स्नेह

भौतिकवादी नहीं

स्नेह का प्रत्यावर्तन

स्नेह ही है

यह स्नेह

एक परीक्षा है

संयम की

पवित्रता की

विचारों की

भावनाओं की

एक आराधना है

आदर्शों की

एक शुभाकांक्षा है

परस्पर उन्नति की

खुशी की

सुखी जीवन की

एक अवरोध है

घृणा का

द्वेष का

एक चुनौती है

वासना को

कामुकता को

मेरे हृदय का

एक गर्व है

मेरा स्नेह।

यादों की धूल

मन के आँगन से, रोज़ बुहारता हूँ

तेरी यादों की धूल

फिर भी जब

चलती है प्रेम की आंधी

तहें जम जाती हैं

मुश्किल हो जाता है बुहारना

खो जाना चाहता हूँ इसी धूल में

लौट आता है वो

धूल में खेलने का बचपना

जीवन (ज़िंदगी क्या है)

ज़िंदगी एक सवाल है

जो जन्म के साथ आता है

और मृत्यु पर्यंत बना रहता है

एक ऐसा सवाल जिसका

कोई निश्चित और एक उत्तर नहीं

ज़िंदगी एक उलझन है

जो जब सुलझती है

तो उलझन मिट जाती है

यानि ज़िंदगी

युवा पीढ़ी

युवा पीढ़ी

बहुचर्चित पीढ़ी

व्यंग्य तथा प्रतारणाओं के बीच

संत्रस्त पीढ़ी

बेरोज़गारी से विक्षुब्ध

आवेग से आक्रोश से पूर्ण पीढ़ी

पुरानी रूढ़ियों व नए संस्कारों

के बीच पिसती पीढ़ी

नई मान्यताओं, नए युग की

सूत्रधार पीढ़ी

हड़तालों व प्रदर्शनों

पर उतारू पीढ़ी

पुलिस के बेरहम डंडों

से पिटती नई पीढ़ी

नए जोश का अनावश्यक लाभ

उठाने वालों के लिए

"अलादीन का चिराग़" नई पीढ़ी

सुलझे हुए मस्तिष्क में

असंख्य उलझनें लिए

युवा पीढ़ी

उपहार

विकलन है उपहार तुम्हारा

यही सोचकर जी लेता हूँ

आँसू दिये जो तुमने उनसे

घाव जिगर के सी लेता हूँ

उत्तरकाशी

ऊंचे पर्वत शिखर हैं इसके सुगढ़ सुदृढ़ प्राचीर

चंद्राकार में घेरे इसको निर्मल गंगा नीर

एक ओर वरुणावृत पर्वत शीश उठाए गौरव से

एक ओर लेटी है रमणी बेसुध जग के रौरव से

इन्द्र का हाथी ऐरावत भी बैठा है गंभीर

चीड़ दुमों के बीच अवस्थित एन आई एम रमणीक

पर्वतारोहण की सिखलाता है विशिष्ट तकनीक

रोमांचक यात्रा करते रहते साहसी वीर

बांध भागीरथी को मनेरी में सुरंग द्वार से लाए

तिलोथ में विद्युत पैदा कर लाखों घर चमकाए

उत्तरकाशी की छवि जगमग ज्यूं तरुणी का चीर

माँ कुटेटी की छत्र छाया में इंद्रावती घाटी प्यारी

पावन भूमि विश्वनाथ की उतरकाशी अति न्यारी

शक्ति प्रतीक त्रिशूल गड़ा है इसका सीना चीर

उजियाली में आश्रम मंदिर गंगा तट अति प्यारे

मोहक बस्ती जोशियाड़ा ज्ञानसू भी हैं गंग किनारे

भोले भोले लोग यहाँ के धीर और गंभीर

20-11-1972

(20 वीं वर्षगांठ पर आज मैंने हिन्दी तिथि के अनुसार अपने जीवन के दो दशक पूरे किए)

20 वीं वर्षगांठ

लड़खड़ाते कदम से

संभलते-संभलते

दलदल में फँसकर

कमल खूब ढूँढे

हरित वादियों में भी

चक्कर लगाया

बहुत हमने खोया

बहुत हमने पाया

विचारों की दुनिया में भी

खूब घूमे

सरिता में स्नेह की भी

डुबकी लगाई

जीवन चितेरे ने

दो ही दशक में

सुघड़ तूलिका से

अगढ़ तूलिका से

विशाल में सूक्ष्म

सूक्ष्म में विस्तृत का

भ्रम सा सँजोये

मेरे जीवन-व्रत के

अधूरे से चित्र को

हर एक सुलभ रंग से

जी भर सजाया

चटकीले, रँगीले

फीके औ गहरे

अनेकों रंगों से

हर्ष औ विषाद

खुशी - अवसाद

उन्नति - अवनति

मिलन औ विरह का

विलक्षण समन्वय

संवारा, सँजोया

सुन ऐ चितेरे

मेरे चित्र में तू

मानव - स्नेह

लोक-कल्याण

सुकर्म औ यश को भी

चित्रित करना

इसके लिए

जो भी हैं रंग दुर्लभ

हर संभव यत्न से

सुलभ मैं करूंगा ।

26-03-1973

मैं तुम्हें प्यार नहीं करता हूँ

मैं तुम्हें प्यार नहीं करता हूँ

फिर भी किसी शाम हॉस्टल के बंद कमरे में

पार्टनर्स की अनुपस्थिति में जब मैं एकांत भोगता हूँ

तो तेरी यादों के साये आकर लिपट जाते हैं मुझसे

और तेरी यादों से पंकिल जो गीत

मेरे कंठ से निसृत होते हैं

उनसे एक प्रेमिल सी, दर्दीली सी अनुभूति होती है ।

मैं तुमसे प्यार नहीं करता हूँ

फिर भी कभी जब रात को एक बजे तक

पढ़ने के बाद, मानसिक श्रम से थककर

मैं बिस्तर पर लेटता हूँ, तो न जाने कहाँ से

तेरी यादों के साये आकर घेर लेते हैं

और बहुत रात गए दुलारते रहते हैं

फिर भी मैंने हर एक से यही कहा

"मैं तुमसे प्यार नहीं करता हूँ"

ये सच है की मैं तुमसे प्यार नहीं करता

फिर भी न जाने ये कैसा बंधन है

कहीं मेरे समन्वयकारी व्यक्तिगत दर्शन जनित

बंधन तो नहीं

मैं नहीं जानता

मैं तो केवल इतना जानता हूँ कि

मैं तुम्हें प्यार नहीं करता

फिर भी हर रोज़ मुझे तेरे पत्र की प्रतीक्षा रहती है

और जब कभी भूले भटके तेरा पत्र मुझे मिल जाता है

तो एक सिहरन सी दौड़ जाती है पूरे शरीर में

बार बार पढ़ कर भी तृप्ति नहीं होती

लेकिन मैं तुम्हें प्यार नहीं करता

क्योंकि प्यार की कहानियाँ जो मैंने

पढ़ी या सुनी हैं, तेरी मेरी कहानी से भिन्न हैं ।

08-05-1973

अवकाश के क्षण में

जीवन की व्यस्तता से

क्षणिक अवकाश भी

खींच लाता है तुम्हारी स्नेहिल स्मृति

तेरे व्यक्तित्व के दो ही अवशेष हैं

मेरे साथ

स्मृति

और लाल सुर्ख चूड़ियों के दो टुकड़े

जिनमें देखने पर

आभासित होता है

तेरा झाँकता हुआ चेहरा

हे चंद्रमुखी ।

निभा सकोगी ये प्यार

देखो

कहीं कायर न बन जाना

हे मृदुला ।

प्यार के दर्द की तड़प

कील देती है हृदय को

सह सकोगी यह दर्द तुम कोमलांगी ?

हे प्रियदर्शिनी ।

ज़िंदगी भर की टीस न दे जाना

चाहो तो अभी तोड़ दो

ये बंधन

सह लूँगा मैं ये दर्द

मगर प्यार का दर्द

उफ़

तड़प का एक ज्वार

जो हृदय मथ डालता है

नहीं सह पाऊँगा ।

आदर्शों के खंडहर – प्रेम की पुकार

मेरे मीत की निश्छल स्नेह

तुमसे बिछुड़ कर

जीवन में एक बिखराव आया

अनियमितताएँ आईं

अंतर्द्वंद की स्थिति में

उच्छृंखल मन

अपने ही आदर्शों के महल को

खंड-खंड कर बैठा

एक साहस, एक उत्साह

जो तुम्हारे स्नेहिल सम्बल ने

आदर्शों की सीढ़ियों पर चढ़ने को

मुझे दिया था

टूट गया

आत्मा की गहराइयों से निकला

वो संगीत, जिसे हमने साथ साथ सुना था

अपरिचितता की परिधि में बंध गया

और मैं अपने जीवन से वंचना करता रहा

छलता रहा अपने आदर्शों को

और मैं 'मैं' न रहा

वही बन गया जो सब थे ।

तुमने पुकारा

मैंने उपेक्षा की

मन - तट से आकांक्षित लहरें टकराईं

मगर विश्वास टूट चुका था

हृदय को बौनेपन का एहसास होता गया

निष्क्रियता बढ़ी

मगर न जाने आज फिर

कौन मथ रहा है मन को

शायद तुम ही

तूफ़ान फिर उठा है

वो देवत्व जो तुम्हारी आँखें

आज भी खोजती हैं मुझमें

शायद फिर सिर उठा रहा है

बिखरे हुए जीवन को,

फिर से समेट रहा हूँ

मगर ऐ स्नेह

एक अनुबंध कर लो

आलोकित करते रहो

यूंही मन को

तो शायद आदर्शों के खंडहरों पर

फिर भवन निर्माण का

साहस जुटा सकूँ ।

सोने भी नहीं दिया

आज सहसा फिर याद आ गई

महकती बहकती मधुर सी मदिर सी

निस्तब्ध अंधेरी

सावन की रिमझिम फुहारों से स्नात

वो रात ।

जब इस विकल हृदय की धड़कन

मेरे रेंगते हाथों से रिस-रिस कर

तेरे हाथों में समा गई थी

और असंख्य क्षणों तक

गुँथी रही, कसमसाती रही

करती रही केलियां,

दो हथेलियाँ ।

फिर उष्णित श्वास युक्त अधरों से

चूम-चूम गए हम, कर पृष्ट परस्पर

अंगुलियों के पोर-पोर से

रसपान किया जी भर ।

होंठों के दौनों से, पलकों के प्यालों से

काली भौंराली अलकों के साये में

कितने घट मदिरा के

पी गया मैं दीवाना

कुछ याद नहीं ।

प्रेम में उन्मत्त था मैं

नस-नस की उष्णता

चीख चीख कर कह रही थी

बांध लूँ, पकड़ लूँ

बाहुओं के पाश में

जकड़ लूँ

चूम लूँ, चूस लूँ, पी लूँ

तेरी नस - नस में भरी शराब को ।

हाँ, याद आया,

प्रातः के चार बज आए थे

प्रेम के इस आंदोलन में, ज्वार में

जाने कब सो गए

खो-खोकर इसी व्यवहार में

और सुबह फिर वो प्रेमिल झिड़की

'ऊँह जाओ', सोने भी नहीं दिया

ओह । कितनी मादक, मोहिनी

स्नेहासिक्त थी वो प्रेमिल क्रीडा

पर स्नेहिल स्मृति उसकी

भर जाती है

एक असहनीय पीड़ा ।

28-08-1974

किरणें चाँद की

निस्तब्ध रात थी

चाँद था चाँदनी थी

पर अब ये अमावस्या की रात

कितनी अंधेरी, कितनी लंबी

कौन जाने कब फिर निकलेगा

चाँद?

और निकले भी तो

उसकी किरणें मैं

समेट पाऊँगा भी या नहीं

कौन जाने? कौन? कब? कैसे?

अचानक झपट कर

तोड़ ले सभी किरणें

और मैं, अकेला, ठगा सा, निसहाय सा

अंधकारमय निर्जन सन्नाटा

बुनने लगूँ ।

चाँदनी का टुकड़ा

रात्री का आखरी प्रहर

ढेर सारी यादें

बालकनी में उतर आया

चंचल चाँदनी का एक थक्का

सिमटा सिमटा निश्छल

पवित्र दृष्टिपाती

बिल्कुल तुम्हारी तरह

खुले, संबंधों के शीशायी कपाट से

कटा - फटा, मजबूर सा वो

गुमसुम सा, उदास सा, पागल सा वो

जो सदा उसके अस्तित्व को नकारता रहा

उसी स्वर्णिम प्रभात की आशा में

समर्पित सा, चाँदनी का वो टुकड़ा

संबंधों का शीशायी कपाट

जो आरपार स्पष्ट दृष्टव्यता का

दावा करता है

परंतु उसके पीछे झूलते

मोटे मोटे परदे छिपा लेते हैं

एक अस्पष्ट किन्तु प्राकृतिक

व्यवहार, वातावरण ।

16-09-1974

रोड फर्दर क्लोज़्ड

मिली तुम्हारी पाती

स्नेह भरी मधुर सी

किन्तु गांभीर्य से गड्ड-मड्ड

जिसे तुम भावुकता समझी, वही

विचारों का अंतरद्वंद

कागद पर बिखरा-बिखरा

कहता है कि मैं स्वार्थी हूँ ।

शायद ये ही सच हो

मानव हूँ मैं, देवता नहीं

मानव सुलभ कमज़ोरियाँ हैं मुझमें भी हैं

इस रास्ते पर संबंधों का एक बोर्ड लगा है

'रोड फर्दर क्लोज़्ड'

बोर्ड की अवहेलना करने का साहस मुझमें नहीं

रास्ते के दोनों ओर मोहक स्नेहिल हरियाली

ऊबड़ खाबड़ रास्ते को भी

मोहक बना रही है ।

जब मैं पहली बार इस रास्ते पे आया था

तब ऐसा नहीं था

हरियाली की कोपलें

बाद में ही फूटीं ।

फिर भी मैं इस रास्ते को जीवन का रास्ता

नहीं बना सकता

क्योंकि

सत्तारूढों ने वहाँ उपरोक्त बोर्ड लगवा दिया

'रोड फर्दर क्लोज़ड'

फिर भी हरियाली का ये मौन निमंत्रण

मैं कभी नहीं ठुकराऊँगा

आऊँगा इस राह पर मैं नित्य प्रति आऊँगा ।

मोड़ पर

भावुकता के द्रुतगामी वाहन पर आरूढ़

मैं जब मनोहारी, मोड़ रहित पथ की

कल्पना में लीन था

सहसा एक तीक्ष्ण मोड़ पर, तीव्र घुमाव ने

मेरी कल्पना को छिन्न भिन्न कर दिया

मैंने अपने विवेक को ललकारा

अपने अंतर में झाँका, तो पाया

वक्रता तो यहाँ भी विद्यमान थी

तीक्ष्ण मोड़ भी सुरम्य गंतव्य की ओर

ले जा सकता है,

मस्तिष्क क्लांत, वाहन गति शांत

सूझता कुछ नहीं

पथ का आमंत्रण

राम नहीं मैं, तो क्यों बनूँ लोभी सीता का

तो चल रे वाहन चल

11-12-1974

कोई लेले उधार

कोई लेले मेरा ये बड़प्पन उधार

छीन ले अधिकार, ये झूठ का व्यापार ।।

कब तक बताओ, कर्तव्यों से बाधित

इस अजानी, अनिश्चित, भ्रामक डगर पर

धरूँ पग मैं संभल-संभल

अपने से दूर, आदर्शों से टूट

भावनाओं को अपनी मैं कुचल-कुचल

कब तक पहने ये कृत्रिम मुखौटे

मैं करता रहूँ, अस्पष्ट व्यवहार ।।

आधुनिकता के दावेदारों बता दो

प्रणय - पथ में उठती दीवारों बता दो

मर्यादा में घुट कर मैं दम तोड़ दूँ

या प्रणय के पहली कसम तोड़ दूँ

ये माना किसी की हूँ आशा मगर

कैसे कर दूँ उपेक्षित हृदय की पुकार ।।

13-12-1974

तुम्हारा मुझे रुलाना

तव उर में ही नहीं वेदना

मैं भी प्रायः विकल रहा ।

विस्मृत तुमको कर देने का

हर उपक्रम मेरा विफल रहा ।।

हर राही के शब्दों में जब

तेरा संदेशा मिलता था

तब मेरे उर का उत्पीड़न

अश्रु कणों में ढलता था ।।

पलकों के निंद्रिल संपुट में

जब तुम उदास सी आती थी

मेरे स्नेहिल आलिंगन में

रोती थी, मुझे रुलाती थी ।।

तुम न आए

संदेश भिजवाया तुम न आए, बहुत बुलाया तुम न आए

निराशा होके भुलाया तो तुम और याद आए

विरह की आग में जल जल के हुई सांवरी मैं तो

तुम्हारी याद में रो रो के हुई हुई बावरी मैं तो

वेदना भरा हर गीत मैंने गाया , तुम न आए

संदेश भिजवाया तुम न आए ...

एकांत के क्षणों में बंद कर लिए कपाट

रूठ कर तुमसे बैठी, देखती रही मैं बाट

न आके मनाया, बहुत सताया तुम न आए

संदेश भिजवाया तुम न आए ...

अचानक आके पीछे से, विचुंबित करना पलकों को

मेरा मुख थाम के हाथों में, बिखराना वो अलकों को

इन्हीं यादों ने तो आकर बहुत रुलाया, तुम न आए

संदेश भिजवाया तुम न आए, बहुत बुलाया तुम न आए

फरवरी 1975

मेरे हो तुम बस मेरे हो

मेरे अपने, मेरे अपने

अंतर में तुम बस मेरे हो

सपनों में तुम बस मेरे हो ।

पी लूँगी मैं उत्पीड़न का ये विष

जान गई जीवन क्या है इसी नेह के मिस

अपने स्नेहामिय से मैं, कर दूँगी उसको भी पंकिल

जिसके नयनों में बस कर तुम, हुए आज मुझसे ओझिल

तेरा सुख ही मेरा सुख है

मेरा दुख तेरा हो या न हो

मैं ही हूँ अभागिन

पा न सकी जो स्नेह तुम्हारा

मेरे देवता दुखी न होना

दोष नहीं कुछ तेरा

तुम आज नहीं मेरे तो क्या

अंतर में तुम बस मेरे हो

सपनों में तुम बस मेरे हो ।

फरवरी 1975

प्रतीक्षा

रात भर पानी बरसा

मन यूं ही तरसा

सुबह की ये पनियाली ठंड

ठिठुरता अंग-अंग

आश्वासन सूरज

निराशा बादल

खेलते रहे आँख मिचौली

यूंही बीत गया दिन

आज भी तेरी चिट्ठी नहीं आई

.

.

.

प्रतीक्षा ... व्यस्तता

प्रतीक्षा ... व्यर्थ

सुना है बसंत आ गया

एक मौसम

स्वप्निल सी स्नेहिल आकांक्षाओं को

जीवंत करने वाला

संदेश लाने वाला प्रियजन का

परंतु

झुठला गई तुम्हारी प्राकृतिकता

अब भी नहीं आई तेरी चिट्ठी

.

.

.

अंतराल

पुनः प्रतीक्षा

सब व्यर्थ

.

.

अंतराल

बीत गए एक-एक करके

सभी प्रतीक्षित दिन

अब नहीं आएगी तेरी चिट्ठी ।

फरवरी 1975

हार

मेरी जीत

किसी की हार बन गई

किसी की हार मेरी हार बन गई

मैं फिर हारा हुआ रह गया ।

फरवरी 1975

शाम (संध्या)

अस्त-व्यस्त जीवन
बिखरा बिखरा मन
परित्यकता सी सुनसान सड़क
वातावरण की ठंडी आहें
अंधेरे की बढ़ती बाहें
दर्द में डूबा कोई गीत लिए
वही एकांत की रीत लिए
आज की शाम कितनी उदास है ।

रूठ न जाना

मेरे मीत

जीवन की अजानी, अंधेरी राहों पर

छूट न जाना तुम

कैसे पूरा करूंगा, अकेला मैं यह सफ़र

मेरे सहयात्री

छूट भी जाओ तो, इतना तो मान जाओ

रूठ न जाना तुम

तुम जो रूठ गए तो रूठ जाएगा मेरा भाग्य मुझसे

आंसुओं से तार-तार हो जाएगा अंतर्मन

मेरे अंतरंग साथी

रूठ भी जाओ तो, इतना ज़रूर करना

टूट न जाना तुम

तुम फूलो, फलो, महको तो

स्वयं को समझा लूँगा मैं हर हाल में

बिखरे गर तुम तो ये मेरी व्यक्तिगत हार होगी

एक कलंक होगा मेरे अमित पवित्र स्नेह पर

अपने स्नेह पर कलंक लेकर मैं जी न सकूँगा

मेरे स्नेह ।।

एक जाम

कुछ बीती हुई बातें

कुछ टूटे हुए सपने

जो हो गए बेगाने

वो बिछुड़े हुए अपने

उन्हीं की याद में, उन्हीं के नाम

एक जाम

हर सुबह, हर शाम

सरेआम

होके बदनाम

पिए जा रहा हूँ

मरने की चाहत में

घुट घुट के यूंही

जिए जा रहा हूँ ।

जाने कैसे हो तुम

मेरे समीपस्थ ।

जहां तुमसे प्यार करने पर लोग

मुझे ताने देते थे

वो शहर छोड़कर यहाँ चली आई हूँ ।

यहाँ के एकांत में तुम्हारी यादों से

लिपट कर बहुत रोई

मन हल्का हुआ ।

कभी-कभी अपनी नई सखियों

के साथ हँसते-खिलखिलाते ही

तुम्हारी यादों में डूब जाती हूँ

और सखियाँ कुछ अजनबी से

संकेत करके मुझ पर हँसती हैं

तो मुझे बहुत गुस्सा आता है

तुम पर

हाँ, और नहीं तो क्या

तुम्ही तो हो जिसने मुझे

इतना पागल बना दिया ।

कभी एकांत में तुम्हारी

कविताएँ पढ़ती हूँ तो

बड़ा गर्व सा होता है स्वयं पर

कि मैं ही तुम्हारी प्रेरणा हूँ

लेकिन कितने वो हो तुम

सभी कुछ लिख देते हो कविता में

जब मैं कल्पना में किसी और को

उन कविताओं को पढ़ता पाती हूँ

तो ऐसी अनुभूति होती है, जैसे

किसी ने हमें प्यार करते देख लिया हो ।

फिर भी मुझे तुमसे प्यार है

जाने कैसे तो हो तुम

कुछ अच्छे , कुछ ...... बड़े वो हो

मैं जानती हूँ, जो कुछ मैं सोचती हूँ

वो भी तुम तक न जाने कैसे

पहुँच जाता है

कौन जाने, अभी अभी जो मैं सोच रही थी

उस पर भी तुमने कोई कविता लिख दी हो ।

स्वागत है

स्वागत है मानव श्रेष्ठ, स्वागत है आज तुम्हारा

आने से आज तुम्हारे, चमका है भाग्य हमारा ।

है रोम-रोम यूं पुलकित अधरों पे यूं मुस्कान

तार झनझना उठे हृदय के देते मधुरिम तान

प्रसन्न आज हम कितने पा कर के प्यार तुम्हारा

आने से आज तुम्हारे...

ये शीतल मंद सुगंध पवन किसका करती गुणगान आज

कोमल पुष्पों की सुरभि में फैला किसका यशगान आज

हम प्रेम पुलक हृदयों से करते सम्मान तुम्हारा

आने से आज तुम्हारे...

हम पलक पावड़े आज बिछाए बैठे थे

तव आगमन समाचार सुन नयन जुड़ाए बैठे थे

पाकर तुमको फिर आज कंठ भर लाया रस की धारा

आने से आज तुम्हारे...

कुछ प्रेम पुष्प लाए हैं करने को सम्मान

स्वागत है श्रीमान तुम्हारा स्वागत है श्रीमान

स्वागत है मानव श्रेष्ठ, स्वागत है आज तुम्हारा

आने से आज तुम्हारे, चमका है भाग्य हमारा ।

याद नहीं करते

भूले तो नहीं तुमको, पर याद नहीं करते
तड़पे तो हैं हम अक्सर, पर आह नहीं भरते

कब स्वप्नदर्शी मन ने, देखे न तेरे सपने
एकाकी चलते सहसा, कभी साथ पाया अपने
हर चित्र में तुम जानम, रह-रह के हो उभरते
भूले तो नहीं तुमको...

यूं कुछ कमी नहीं है, जीते हैं तपता जीवन
अधिकार में कहाँ से, आए स्वतः समर्पण
कहाँ मंत्र बद्ध विवशता, कहाँ भाव पुष्प झरते
भूले तो नहीं तुमको, पर याद नहीं करते

9 7 9 8 8 8 9 7 4 4 1 1 6 7